Extrait Du Nobiliaire De Belgique, Concernant La Famille De Kerckhove-varent Et Contenant La Biographie Du Vicomte Joseph-romain-louis De Kerckhove-varent...

N. J. van der Heyden

EXTAIT OU NOBILIAIRE DE BELGIQUE.

—

DE KERCKHOVE, dit VANDER VARENT.

Armoiries : *d'argent à la bande fuselée ou losangée de cinq pièces de sable, surmonté d'un casque ouvert d'argent, grillé, liseré et couronné d'or, posé en fasce, assorti de ses lambrequins d'argent et de sable. Cimier : un buste de maure, vêtu et virolé d'argent. Supports : deux sangliers de sable, défendus d'argent, armés et lampassés de gueules* ([1]). Devise : *Vieillesse-Empire*.

Cette maison dont la noblesse se perd dans la nuit des temps est originaire de Franconie, elle fut appelée primitivement *ab Atrio*, ([2]) et plus tard *von Kirchof, Kirchhoff, Kirchhofen* ou *Kirckhoff* en Allemagne, et *Kerchof, Kerchove, Kerckhove, Kerckhoff* ou *Kerckhoffs* aux Pays-Bas, où elle a fourni plusieurs branches, qui ont occupé un rang distingué dans la Noblesse, et qui par la marche du temps sont devenues des familles différentes. Ses premières armoiries paraissent avoir été *d'argent à trois croisettes de gueules mal ordonnées*, aliis *d'argent à trois cœurs de gueules*. Une quantité de monuments et d'autres titres prouvent sa haute antiquité et son illustration en Allemagne et en Belgique. Elle a assisté déjà aux premiers tournois qui eurent lieu au X° siècle sous l'empereur Henri I, surnommé l'*Oiseleur*, et postérieurement ([3]). Elle a possédé en Flandre et en Brabant un grand nombre de seigneuries et rempli des postes élevés.

([1]) Plusieurs membres de cette famille ont adopté *deux lions d'or* au lieu de deux sangliers. On trouve aussi des membres de cette famille qui ont pris pour armoiries : *d'azur à deux fasces d'argent, accompagnées de neuf étoiles d'or, 3, 3, 3*, qui sont les anciennes armoiries de la seigneurie de Tervarent.

([2]) La famille *van der Saelen*, faisant partie des sept familles-patrices-nobles de Louvain, est issue de la même maison; elle s'écrivait indistinctement *de Atrio, van der Saelen* et *vanden Kerckhove*. Voy. l'ouvrage intitulé : *Septem tribus patriciæ Lovanienses*; Lovanii, typis, Joannis Jacobs, 1734, p. 40.

([3]) Voy. *Proben des hohen teütschen Reichs Adels, von Salver*; in-folio, t. 1, p. 81, Wurtzbourg, 1775.

Dans une généalogie authentique de Kerckhove-Varent, dressée sur preuves et passée, en 1652 et 1667, devant les notaires Simon van der Kindert, d'Audenarde, et Jean-Louis Marx, d'Alost (1), on remarque combien est ancienne la noblesse de la famille de Kerckhove, dite vander Varent. Nous nous bornerons à extraire de cette généalogie ce qui suit :

« Messire Robert (aliis Jean) *vanden Kerchove*, dit *vander Varent*,
» chevalier de Jérusalem, seigneur de Kerchove, Tervarent, etc,
» ayant pour armes : *d'argent à la bande fuselée de cinq pièces de*
» *sable*, et pour devise : *Viellesse-Empire*, vivant en 1140, épousa
» Marguerite *de Clessenaere*, dite *de Weise* ou *Wes*, dame de Wes ; il
» accompagna Thiery d'Alsace, comte de Flandre, à la guerre dans
» la terre sainte. Il eut de son mariage avec Marguerite de Clesse-
» naere deux fils, Baudouin, allié à dame *Hellewyne de Metteneye*, et
» Jean, allié à N. *van den Berghe*, dame de Berchem, dont Robert
» *vanden Kerchove*, dit *vander Varent*, chevalier, seigneur de Wes,
» qui épousa Marguerite *de Metteneye*.

» Baudouin [*vanden Kerchove*, dit *vander Varent*, écuyer, seigneur
» de Kerchove, Tervarent, etc., eut de son mariage avec Hellewyne
» *de Metteneye*, Goosaert *vanden Kerchove*, seigneur de Kerchove,
» Tervarent, etc., qui épousa Elisabeth *de Rollin*, dame de Massem,
» dont Jean *vanden Kerchove*, dit *vander Varent*, chevalier, seigneur
» de Kerchove, Tervarent, Terhouven, etc., épousa, en 1260, Isabeau
» (aliis Elisabeth) *de Gand*, dite *Villain*, fille de Gaultier, seigneur de
» St-Jans-Steen, dont trois fils, Goosaert, Jean (aliis Gaultier), Louis,
» et d'autres enfans décédés en bas-âge. L'aîné des fils, Goosaert
» *vanden Kerchove*, fut gentilhomme et écuyer panetier de Guy
» comte de Flandre et de sa femme Isabeau, comtesse de Namur ;
» créé chevalier en 1294, pour ses bons et fidèles services (2). La dite

(1) Publiée dans le tome 1er des *Annales de l'académie d'archéologie de Belgique* (1843), par M. le comte de Thiennes de Rumbeeck, chambellan du roi des Pays-Bas, etc., membre honoraire de cette académie, allié à la famille de Kerckhove-Varent.

(2, Nous avons sous les yeux la pièce dont nous donnons ci dessous la copie littérale :

« Extraict uijt seker register berustende ter greffie van sijne majesteit Leenhove ten Steene » t'Aelst, waerinne ondet andere f. 1°, c. xL. vi, et verso staet het naervolgende :

» Isabeau *de Gand*, dite *Villain*, descendait de la même souche que les
» princes d'Espinoy et les princes de Rassenghien, comtes d'Iseghem;
» de sorte que les Kerckhove-Varent actuels descendent de la même
» souche, du côté maternel, du chef de la maison de Villain (comtes
» de Gand).

» Jean *vanden Kerchove*, dit *vander Varent*, écuyer, seigneur de
» Wes, etc., fils de Robert et de Marguerite de Metteneye, fut gen-
» tilhomme du comte Guillaume (fils de Guillaume Dampierre et de
» Marguerite de Constantinople), et écuyer-panetier de Marguerite de
» Constantinople, comtesse de Flandre et du Hainaut; il accompa-
» gna le comte Guillaume à la guerre contre le sultan Meledin; en
» revenant de la terre sainte, il épousa à Venise Candia *Le Vivier* ou
» *Le Vivre*, (fille d'un sénateur Venitien), dont une fille unique Can-
» dia *de Kerchove*, qui en 1295, épousa son cousin Jean *vanden
» Kerchove*, dit *vander Varent*, gentilhomme attaché à Marguerite de
» Constantinople, comtesse de Flandre et du Hainant, deuxième fils
» de messire Jean et de dame Isabeau de *Gand-Vilain*, et qui assista au
» tournois à Trasegnies en Hainaut. Ce Jean *vanden Kerchove* suc-
» céda à son beau-père dans la dignité d'écuyer-panetier. C'est par le
» mariage de Jean *vanden Kerchove* (portant *d'argent à la bande fu-
» selée de sable*) avec sa cousine Candia *vanden Kerchove* que la lignée
» de cette maison a été continuée jusqu'à nos jours. Un fils de ce

» Nous Guis cuens de Flandres et march. de Namùr, et Isabiaùs sa femme contesse de
» Flandres, et de Namùr, faisons scavoir à toùs, qù'avons no cher, et faiable escùyer Goosin
» vanden Kerchove, dict vander Varent, fil de Jean vanden Kerchove, dict vander
» Varent chevalier, et d'Isabiaùs de Vilain, dict de Gand, cree et creons Chlr, et octroion a
» Goosin devant nomei, et se hoirs *de quitter le armoirie de le pere et famille estan cinqùe
» lozange de sable au cham d'argent tenu de sanglier, et de porter* le armoirie de sa mère
» estan de sable aù chef d'argent, *à condition* qu'il pose aù chef unne fleùr de lis de gùelle,
» et *que Jean et Louis se frere et leùr hoirs portent le armoirie de Jean leur père devant
» nomei* et permeston a Goosin devant nomei d'esposer Jenne Blois, fille de no cher et faiable
» Chlr Colart seigneur de Gamerage, et en tesmoignage lequel cose noùs a ces presentes let-
» tres avons mis nos saiaùs li furent faietes en l'an de grace mil deùx cens quatre vingt et
» qùatorze el mois de march, estoit scelc avecq deùx seaùx en chire jaune, y pendans en
» double quene de parchemin »

« Concorde avecq le d¹ registre tesmoing le soùbsigné greffier de la cour feodale de sa
» ma¹⁰ aù peron d'Alost. (*Signé*) Riddere. »

» Jean, Sohier *vanden Kerchove*, chevalier, épousa dame Catherine
» (aliis Elisabeth) *vander Leyen*, dont la fille Christine *vanden Kerc-*
» *hove* épousa, en 1360, messire *de Bruges* dit de *Gruithuyse*.

» Goosaert *vanden Kerchove*, dit *vander Varent*, chevalier, fils ainé
» de messire Jean et de dame Isabeau de *Gand-Vilain*, qui adopta
» avec autorisation de son souverain les armes de sa mère (*de sable*
» *au chef d'argent, à une fleur de lis de gueules coupée au pied* pour
» brisure), épousa, en 1294, Jenne *de Bloys*, fille de messire *Colaert*,
» chevalier, seigneur de Gamarage, et de dame *de Pamele*, il avait
» plusieurs fils, parmi lesquels quelques-uns sont qualifiés cheva-
» lier (1), tels que Baudouin *vanden Kerchove*, chevalier, seigneur de
» Tervarent, allié à Marguerite *van Heurne*; Olivier *vanden Kerchove*,
» chevalier, allié à dame Avyne *vander Sheere*, et Simon *vanden*
» *Kerchove*, chevalier, dernier fils de Goosaert. »

L'Espinoy dans son ouvrage intitulé : *Prélats, barons, chevaliers,*
escuiers, etc., cite plusieurs membres de cette famille parmi les
nobles qui ont existé en Brabant vers la fin du XIIIe siècle. Le même
auteur dans son ouvrage, *Recherches des antiquités et noblesse de Flan-*
dres, mentionne plusieurs autres membres de la même maison qui ont
été chevaliers, grand-baillis, échevins et commissaires du souverain
pour le renouvellement du magistrat. Sanderus, *Flandre illustre*,
tome 1, page 131, la désigne comme faisant partie des premières maisons nobles ; il la cite, tome II, page 83, parmi les maisons de Croy,
Gand-Vilain, Lannoy, Mérode, Montmorency et Steelandt ; il mentionne, page 155, Guillaume *vanden Kerchove* (2), seigneur de Hardifort
vers la fin du XIVe siècle, comme étant d'une famille autrefois
très puissante (3). Butkens, *trophées*, cite parmi les nobles vassaux de

(1) On sait qu'à cette époque le titre de chevalier était la plus haute qualification nobiliaire.
On trouve un grand nombre de membres de cette famille qui ont obtenu ce titre.

(2) Ayant pour armes, *écartelé : au* 1er *et* 4me *d'argent à la bande fuselée de sable ; au*
2me *et* 3me *d'argent à trois croissettes de gueules.*

(3) On prétend que la famille de Kerckhove-Varent descend des anciens ducs de Franconie, et qu'elle est venue de ce pays s'établir au Xe siècle en Flandre et en Brabant, et que
depuis elle a eu son principal siége, pendant des siècles, à Audenaerde, où plusieurs de ses

Brabant, sous la duchesse Jeanne, plusieurs membres de la branche de *Kerckhove*, dite *vander Varent*. Le *Nobiliaire des Pays-Bas*, les *Ouvrages de Le Blond*, d'*Azevedo*, de *Saint-Génois*, de *Le Roux*, de *Kock*, le *Théâtre sacré de Brabant*, les *Fragments généalogiques*, les *Généalogies de quelques familles des Pays-Bas*, etc., contiennent des généalogies, des fragments généalogiques, des mercèdes, des notices, des épitaphes, etc., regardant la famille dont nous nous occupons. Dans le *Mémoire généalogique et historique sur la maison de Kerckhove*, on trouve des généalogies suivies, des notices, la description des armoiries, enfin tous les détails qui ont été recueillis touchant cette maison et les branches qu'elle a données.

La maison de Kerckhove, dite vander Varent, posséda jadis les seigneuries de Kerckhove, de Tervarent, de Berchem en Flandre, de Wanneghem, de Nieuwenhove, de Bevere, de Terleyen, de Haspencourt, de Litsau, de Brunemont, de Hofdriesche, d'Overdriesche, de Diesvelt, de Termandele, de Boereghem, de St.-Antoine, de Pesteels, de Terbeken, de Dielbeeck, d'Eerdeghem, de Terwalle, de Brulette, de Crombrugge, de Diepenbeeck et de Brustem dans le Limbourg, de Venne, de Cauwendael, etc.

Elle fut honorée du titre héréditaire de Vicomte, en date du 15 juin 1720, par l'empereur Charles VI, dans la personne de Louis *vander Varent* (1), conseiller au conseil de Flandre (titre transmissible à ses descendants, hoirs et successeurs); Louis *vander Varent* était fils d'Edouard *de Kerckhove*, dit *vander Varent*, échevin de Termonde, gentilhomme de Philippe IV, et de Jossine *de Marschalck*; petit-fils de François *de Kerckhove*, seigneur de Brulette, et de Marguerite *de Penneman*; arrière-petit-fils de Jean *vanden Kerckhove* et de Barbe *vanden Bosch* ou *du Bosch*.

membres, ainsi que l'attestent les archives de cette ville, ont occupé des charges honorables, tels que bourgmestre, échevin, grand-prévôt, etc. C'est elle qui a donné son nom à la commune, aujourd'hui appelée : *Kerckhove*, et auparavant appelée : '*t Voldersveld*.

(1) Lieutenant-bailli de la cour féodale de Termonde, ensuite conseiller au conseil de Flandre, par commission du 21 juin 1690, décédé le 5 mai 1740 à 87 ans; il avait épousé dame Marie-Jacqueline de Mortgat, décédée à 37 ans.

La maison *de Kerckhove*, dite *vander Varent*, a été reconnue par le roi des Belges dans la noblesse du royaume en la personne d'un de ses membres dont nous allons rapporter la biographie, que nous avons extraite des ouvrages intitulés : *Encyclopédie biographique* du XIXᵉ siècle — *Illustrations nobiliaires*, — et *Biographie des hommes du jour*, par Sarrut et Saint-Edme ; et ce membre est aujourd'hui l'unique représentant de cette famille en Belgique (1).

Biographie du Vicomte Joseph-Romain-Louis De Kerckhove.

« Le vicomte Joseph-Romain-Louis *de Kerckhove* dit *vander Varent*, également connu dans le monde savant sous le nom de *chevalier de Kirckhoff*, d'après l'idiome allemand (2), ancien médecin en chef aux armées et hôpitaux militaires, président de l'Académie d'archéologie de Belgique, vice-président de la Société royale des sciences, lettres et arts d'Anvers, vice-président d'honneur de la Société Grand-ducale de minéralogie et de géognosie de Jéna, membre de la plupart des académies et sociétés savantes, chevalier des ordres royaux du Lion Neérlandais ; — du mérite civil de la couronne de Bavière ; — de mérite de François I de Naples; — de l'étoile polaire de Suède; — du Christ de Portugal ; — de l'ordre grand-ducal de mérite de Philippe-le-Magnanime de Hesse et de l'ordre du Saint-sépulcre de Jérusalem, — décoré de la croix d'honneur et de mérite de Tessin, — officier de l'ordre impérial de la Rose du Brésil, — officier de l'ordre royal du sauveur de Grèce, — commandeur de l'ordre ducal de mérite d'Albert-l'Ours d'Anhalt, — commandeur de l'ordre royal de Gustave-Wasa de Suède, — commandeur de l'ordre royal d'Isabelle-la-Catholique d'Espagne, — commandeur grand'croix de l'ordre noble du Phénix de Hohenlohe, — grand'croix et grand dignitaire de l'ordre chapitral

---

(1) On sait que cette famille parait souvent sous le seul surnom de *vander Varent*, ou bien sous le seul surnom *de Kerckhove*

(2) Sous ce nom, par lequel il fut toujours désigné pendant son long séjour en Allemagne, ont été publiés quelques-uns de ses ouvrages.

d'ancienne noblesse des quatre empereurs d'Allemagne,—grand'croix et chevalier de plusieurs autres ordres, etc., naquit le 3 septembre 1789 (1).

» Son père, membre du collège électoral du département de la Meuse inférieure sous l'empire français, l'un des plus notables propriétaires de ce département, persuadé qu'il ne pouvait laisser à ses enfants de meilleur héritage qu'une bonne éducation, ne négligea rien à cet égard. Cet excellent père, modèle de toutes les vertus, donna pour instituteur à son fils le jésuite Ceurvorst, homme d'un vaste savoir. M. de Kerckhove, ayant terminé ses études primaires à l'âge de seize ans, partit aussitôt pour l'université de Heidelberg ; il fut destiné par son père au droit, mais son goût décidé pour les sciences naturelles le détermina à se vouer à la médecine, d'autant plus que, dans cette noble carrière, on trouve de nombreuses occasions de se rendre utile à l'humanité.

» En 1807, il se rendit à l'université de Strasbourg pour continuer ses études médicales, commencées avec succès en Allemagne. En 1811, il reçut à Strasbourg le grade de docteur en médecine ; il présenta et soutint pour son doctorat une *Dissertation sur l'air atmosphérique et son influence sur l'économie animale*, imprimée chez Levraul. à Strasbourg. Elle obtint l'accueil le plus favorable, fut analysée avec beaucoup d'éloges dans un grand nombre de journaux scientifiques, et citée honorablement dans plusieurs ouvrages classiques de chimie et de médecine. Il en parut, en 1816, une seconde édition chez l'imprimeur Nypels à Maestricht, et une troisième, en 1824, chez Abbink à Amsterdam. Cette troisième édition est traduite en hollandais et augmentée de notes par MM. Swaan, professeur de chimie, et le docteur Jorritsma, de Hoorn.

» Au moment où M. de Kerckhove venait d'être reçu docteur en médecine, l'empereur, qui, à cette époque, faisait entrer dans ses armées tous les jeunes gens de famille, le désigna pour servir comme officier dans le septième régiment de chasseurs à cheval ; mais toujours porté pas ses goûts vers la médecine, M. de Kerckhove sollicita et

(1) Il a obtenu le titre de vicomte par l'extinction de la branche aînée de sa famille.

obtint une place de médecin au grand-quartier-général de l'armée française, avec laquelle il fit les campagnes de 1812, 1813 et 1814.

» Pendant la campage de Russie, il fut attaché comme médecin au quartier-général du troisième corps d'armée aux ordres du maréchal Ney, qu'il accompagna constamment pendant la retraite, depuis Moscow jusqu'à Rowno.

» En 1813 et 1814, M. de Kerckhove fut médecin du quartier-général du deuxième corps d'armée, sous les ordres du maréchal Victor, duc de Bellune. Après l'abdication de Napoléon, il quitta le service de France, et publia son ouvrage intitulé : *Observations médicales faites pendant les campagnes de Russie en 1812 et d'Allemagne en 1813, ou histoire des maladies observées lors de ces mémorables campagnes*, 1 vol. in-8°, 1814, Maestricht, imprimerie de Nypels. Cette production, la première qui fût publiée sur les catastrophes essuyées par les français en Russie, eut un grand succès, malgré ses nombreuses imperfections. Plusieurs souverains envoyèrent à l'auteur des marques de distinction et de haute estime. M. de Kerckhove avait été chargé du service sanitaire de divers hôpitaux dans lesquels se trouvèrent réunis des prisonniers faits sur les armées de la coalition ; en souvenir de sa conduite dans ces circonstances, les princes alliés lui témoignèrent unanimement leur satisfaction.

» En 1815, rentré dans sa patrie, M. de Kerckhove ne cessa de recevoir les témoignages les plus flatteurs pour les services qu'il avait prodigués aux militaires dans les hôpitaux confiés à ses soins pendant la guerre qui venait de finir. L'empereur Alexandre lui remit une bague en brillants de grand valeur. Dans la même année, M. de Kerckhove publia un nouvel ouvrage sous le titre d'*Hygiène militaire*, à l'usage des armées de terre ; 1 vol. in-8°, Maestricht, imprimerie de Nypels. Le roi des Pays-Bas en accepta la dédicace.

» Le docteur Meester-Milius, ancien médecin d'armées, publia, en 1816, une traduction hollandaise de l'*Hygiène militaire* de M. de Kerckhove. Cet ouvrage valut à son auteur les plus grands éloges de la part des savants, et de nouvelles marques de bienveillance et d'estime des souverains.

» Au retour de Napoléon de l'île d'Elbe, le gouvernement prussien, voulant s'attacher M. de Kerckhove, lui envoya une commission de médecin principal d'armée. commission qu'il refusa dans le but de se vouer au service de son pays ; il entra comme médecin de première classe au service des Pays-Bas, et fut en cette qualité, en 1815, chef du service de santé des hôpitaux militaires de Liége. En 1817, il fut envoyé à Anvers comme officier de santé en chef des hôpitaux militaires de cette ville, il occupa cette place jusqu'en 1822 ; alors il donna sa démission, que le roi Guillaume n'accepta qu'un an plus tard, après avoir vainement tenté de le retenir à son service; mais la mort du célébre Brugmans, inspecteur-général du service de santé des armées de terre et de mer, ami de M. de Kerckhove, la suppression de la plupart des hôpitaux, dictée par un coupable but d'économie, l'adoption d'une nouvelle organisation sanitaire, vicieuse dans tous ses détails, et contre laquelle M. de Kerckhove a écrit avec force pour en signaler les abus et les inconvénients, l'engagèrent a se retirer du service militaire.

» En considération des ouvrages que nous avons mentionnés, M. de Kerckhove fut non-seulement comblé de distinctions par presque tous les souverains, mais nommé successivement membre effectif ou correspondant des académies royales et sociétés des sciences de Lisbonne, Turin, Rouen, Metz, Marseille, Grénoble, Vaucluse, Batavia, Varsovie, Nantes, Orléans, Nanci, Harlem, Strasbourg, Zélande, Utrecht, Lille, Mâcon, Toulon, Evreux ; de l'institut américain d'Albany; de l'académie impériale Léopoldino-Caroline des curieux de la nature d'Allemagne; de l'académie royale des sciences d'Erfurt; de l'académie américaine des beaux-arts et du Lycée d'histoire naturelle de New-York ; de la société de la faculté de médecine de Paris; de l'académie royale de médecine de Barcelone ; de l'académie royale de médecine de Palerme ; de l'académie royale de médecine de France ; des académies impériales de médecine et de chirurgie de St-Pétersbourg et de Moscow ; de l'institut royal des sciences naturelles des Deux-Siciles ; des académies royales pontaniane et de médecine et de chirurgie de Naples ; des académies royales de médecine de Madrid et de Cadix ; des sociétés royales de médecine de

Londres, d'Édimbourg et de Stockholm ; de celles de Philadelphie, Hambourg, Liverpool et Lyon ; de la société impériale de médecine et de chirurgie de Wilna ; de l'académie de médecine de New-York ; de la société médico-physique d'Erlange ; de la société des sciences naturelles et médicales de Dresde ; des sociétés de médecine de la Nouvelle-Orléans, de Rio-Janeiro (aujourd'hui académie impériale de médecine du Brésil), de Douai, Gand, Louvain, Caen, Hoorn et du département de l'Eure ; de la société royale de médecine de Bordeaux ; de la société des sciences naturelles et médicales de Bruxelles ; de la société de chirurgie d'Amsterdam ; de la société médicale d'émulation de Paris ; de la société impériale des curieux de la nature de Moscow ; de la société libre d'émulation pour les sciences, lettres et arts de Liége ; des sociétés des scrutateurs de la nature de Berlin et de Halle ; de la société physique et littéraire de Dantzick ; de la société grand-ducale de Jéna ; des sociétés des sciences naturelles de Marbourg, Vétéravie et Leipsick ; de la société de littérature nationale de Leyde ; de la société royale des beaux-arts et de littérature de Gand ; de la société de chimie médicale de Paris ; de la société royale académique des sciences de Paris ; de la société asiatique de France ; de la société libre des beaux-arts de Paris ; de la société Linéenne de Normandie ; de la société des sciences, arts, et lettres du Hainaut ; de l'académie royale des sciences et belles-lettres de Dijon ; de la société polytechnique de Paris ; de la société de littérature et des arts de Courlande ; de la société américaine des sciences naturelles de Conecticut ; de la société de littérature de Riga ; de la société royale de médecine de Marseille ; de la société royale médico-botanique de Londres ; de l'académie italienne des sciences et arts, séant à Livourne ; de l'Athénée impérial de Venise ; de l'institut historique de France ; de la société médico-chirurgicale de Bruges ; de l'académie tibérienne des sciences et belles-lettres de Rome ; de la société des antiquaires de la Morinie, séant à St.-Omer ; Protecteur de la société de la bibliothèque d'Audenarde, membre de l'académie de médecine et de chirurgie de Palma (Ile de Majorque) ; de l'académie royale d'histoire d'Espagne, séant à Madrid ; de l'académie royale de médecine de galice et d'Asturies, séant à

la Corogne, membre honoraire de l'académie nationale de peinture des
États-Unis, séant à New-York; de la société royale pharmaco-technologi-
que et des sciences accessoires du Palatinat ; de l'académie royale de
Reims ; de la société des antiquaires de Zurich ; de la société de médecine
d'Athènes ; de la société royale académique de Cherbourg ; de l'institut d'archéologie de Rome ; de la société d'agriculture, d'archéologie et d'histoire naturelle du département de la Manche ; de la
société d'agriculture, sciences, arts et belles-lettres de Bayeux ; de
l'académie royale des sciences, arts et belles-lettres de Caen ; de la
société royale asiatique de Bombay ; de l'académie royale de médecine
et de chirurgie de Valence ; de la société des antiquaires de la Picardie, séant à Amiens ; de l'académie royale de médecine de Saragosse;
de l'académie royale des sciences naturelles de Madrid ; de la société
provinciale des arts et sciences du Brabant septentrional, séant à
Bois-le-duc ; de l'institut médical de Valence; de l'académie royale des
sciences de Naples ; de l'académie royale péloritane des sciences et
belles-lettres de Messine ; de l'académie impériale physico-médicale
et statistique de Milan ; de la société des antiquaires de Normandie ;
de la société d'archéologie d'Athènes; de l'académie royale du Gard ;
de l'académie nationale et royale d'archéologie d'Espagne, séant à Madrid ; de la société havraise d'études diverses, membre correspondant
de l'académie impériale des sciences de Vienne ; de l'institut médical
du port St.-Marie ; de l'académie chirurgicale de Madrid ; de la société
des sciences naturelles de la Prusse Rhénane ; de la société royale
pour l'encouragement de l'horticulture dans les Pays-Bas, membre
honoraire de la société royale et grand-ducale pour la recherche et la
conservation des monuments historiques du Grand-Duché de Luxem-
bourg ; de la société des sciences, lettres et arts de Dunkerke ; de la
société des antiquaires de l'Ouest, séant à Poitiers ; de l'académie
britanique des sciences et arts industriels, séant à Londres; de la société
d'archéologie du midi de la France, séant à Toulouse ; de l'académie
d'Arras ; de la société archéologique de Touraine, séant à Tours ; de la
société archéologique et historique du Limousin, séant à Limoges ;
de la société d'archéologie de Lorraine, séant à Nancy ; membre cor-

respondant de la société historique et archéologique de Thuringe, séant à Jéna; membre honoraire de la société des antiquaires de la côte d'or, séant à Dijon; de la société d'agriculture, sciences, arts et commerce du Puy; de la société impériale et centrale d'agriculture, sciences et arts du département du Nord, séant à Douai; de la société archéologique de Béziers, etc.

» En 1818, M. de Kerckhove publia un *Recueil d'observations sur la fièvre adynamique*, in-8o, Anvers, imprimerie de Jansséns, et en 1822, son *Traité sur le service de santé militaire* (*Verhandeling over den militairen geneeskundigen dienst*), in-8", Utrecht, imprimerie de Van Schoonhove. Dans ce dernier ouvrage, qui avait pour but principal l'amélioration du service de santé de l'armée des Pays-Bas, l'auteur expose dans un cadre resserré, tout ce qu'il faut pour avoir, dans une armée, un service sanitaire qui ne laisse rien à désirer. Les journaux ont rendu un compte très-honorable de ce traité; un grand nombre de médecins et de savants écrivains militaires l'ont cité comme un modèle à suivre. M. de Kerckhove publia également, en 1822, chez l'imprimeur Van Schoonhove, d'Utrecht, une seconde édition de son ouvrage : *Histoire des maladies observées à la grande armée française pendant les campagnes de Russie en 1812 et d'Allemagne en 1813.* Cette nouvelle édition a subi beaucoup d'améliorations; elle est augmentée de manière à former une relation des principaux événements militaires, et un traité des maladies les plus fréquentes dans les armées; traduite en hollandais et augmentée de notes par le savant docteur Vanden Bosch, de Rotterdam, elle eut un grand succès; les journaux de médecine et des sciences des Pays-Bas placèrent l'auteur au rang de Van Swieten, de Camper, de Brugmans, etc. Une troisième édition du même livre, plus perfectionnée, a paru en 1836 chez l'imprimeur Janssens à Anvers; elle fut traduite en italien par le célèbre docteur Fantonetti, professeur de médecine à Milan et secrétaire-perpétuel de l'institut impérial lombardo-vénitien. Cet ouvrage a attiré d'une manière spéciale l'attention du roi actuel de Naples, qui envoya à M. de Kerckhove son portrait représenté sur une magnifique médaille en or, portant sur le revers : à l'auteur de l'*Histoire médicale des campagnes de Russie et d'Allemagne.* La même distinction avait été donnée dans le temps à M. de Kerckhove par S.A.R. Charles-Auguste Grand-Duc régnant de Saxe-Weimar, qui, comme le roi Ferdinand II, était un juste appréciateur des sciences, lettres et arts. En 1852, le pape Pie IX envoya également à M. de Kerckhove, comme une marque de haute estime, la grande médaille d'or ornée de son portrait, en considération des services rendus par ce savant aux sciences et à l'humanité souffrante.

» En 1823, M. de Kerckhove donna une seconde édition de son ouvrage : *Hygiène militaire,* chez l'imprimeur Jouan à Anvers. Cette édition, considérablement augmentée, fut l'objet des éloges les plus flatteurs dans la plupart des journaux de médecine, des recueils scientifiques et des principales feuilles quotidiennes de l'Europe et de l'Amérique. Le *Journal complémentaire du dictionnaire des sciences médicales* (Paris, imprimerie de Panckouke, 1823, tome XVII, p. 177 et suivantes) dit que M. de Kerckhove a fait pour les Pays-Bas ce qui manquait à la France, et qu'il serait à désirer que tous les officiers fussent pourvus de ce livre. La deuxième édition de cet ouvrage a été traduite en différentes langues. Plusieurs souverains l'ont fait répandre dans leurs armées. Aussi ce livre est aujourd'hui dans toutes les bibliothèques et entre les mains de tous les médecins militaires et chefs de corps qui attachent du prix à la conservation du soldat.

» En 1824, M. de Kerckhove publia, en langue hollandaise, une *Histoire succincte de l'Académie royale des beaux-arts d'Anvers,* dont la première édition, épuisée au bout de peu de mois, fut suivie d'une seconde, augmentée de notes, et imprimée chez Janssens à Anvers. Les journaux ont parlé très-favorablement de cette production. M. de Kerckhove, sans être peintre, s'occupe beaucoup des beaux-arts ; il a publié dans les journaux une foule de notices et d'articles sur les salons d'exposition et sur des ouvrages particuliers de peinture et de sculpture. Il a été toujours protecteur des jeunes artistes : il a encouragé et soutenu, d'une manière toute spéciale, le début de MM. Wappers et de Keyser, qui font aujourd'hui la gloire de la peinture historique en Belgique. Le premier de ces peintres doit en outre à M. de Kerckhove d'avoir été guéri d'une maladie des plus graves, pendant laquelle ce célèbre médecin lui a prodigué gratuitement ses soins, jour et nuit, avec un bien rare dévouement et avec une sollicitude vraiment paternelle.

» En 1825, M. de Kerckhove fit paraître chez l'imprimeur Sulpke à Amsterdam, un ouvrage intitulé : *Considérations pratiques sur les fièvres intermittentes avec des avis sur les moyens de s'en préserver dans les localités humides et marécageuses ; suivies du tableau général des malades traités à l'hôpital militaire d'Anvers, depuis le 15 juin 1817 jusqu'au mois d'octobre 1821* ; 1 vol. in-8°. Cet ouvrage ne fut pas accueilli moins avantageusement que les autres productions de M. de Kerckhove. Le tableau placé à la fin de ce volume est remarquable par les succès extraordinaires que ce médecin a obtenus dans sa pratique à l'hôpital d'Anvers : sur plus de quatorze mille malades il n'y a eu que cent-quatre-vingt-neuf morts. M. de Kerckhove publia également, en 1825, un *Mémoire sur l'ophthalmie observée à l'armée des Pays-Bas*, dont le savant docteur Jorritsma fit imprimer aussitôt une traduction hollandaise, augmentée de notes fort importantes, chez M. Vermanden, de Hoorn. Ce mémoire, réimprimé dans divers recueils périodiques de médecine, est traduit dans toutes les langues vivantes. En 1827, il publia, chez Frank à Bruxelles, un *Mémoire sur les colonies de bienfaisance de Frederiksoord et de Wortel.* Ce mémoire reproduit par différents journaux, et traduit en allemand par M. Rüder, célèbre économiste, fut accueilli de la manière la plus flatteuse, et distingué spécialement par plusieurs souverains, dont M. de Kerckhove reçut des lettres autographes.

» En 1828, M. de Kerckhove présenta au roi des Pays-Bas un *Mémoire sur l'exercice de l'art de guérir dans le royaume,* et proposa de nombreuses améliorations dans le haut enseignement et dans les lois relatives à l'exercice de l'art médical. Ce mémoire fut imprimé dans le recueil intitulé : *Algemeen konst en letterbode,* livraison de novembre 1828 (chez la veuve Loosjes à Harlem), et dans d'autres recueils périodiques. En 1828, il mit aussi au jour un *Mémoire sur l'épidémie qui régna en* 1824 *et en* 1825, *dans plusieurs districts de Java;* écrit réimprimé plusieurs fois. Il a publié aussi un *Mémoire sur l'emploi du Datura stramonium contre les névralgies et le rhumatisme chronique,* et un autre *Mémoire sur le prussiate de fer dans le traitement de l'épilepsie.*

» En 1831, il composa, pour la commission médicale de la province d'Anvers, dont il faisait partie, *l'Instruction hygiénique contre le choléra asiatique,* imprimée par ordre du gouverneur dans le *Mémomorial administratif* de la province. En 1832, il publia dans plusieurs journaux une *Notice sur les causes et le traitement du choléra-morbus;* et l'année suivante, il fit paraître ses *Considérations sur la nature et le traitement du choléra-morbus,* etc., 1 vol. in-8°, Anvers, imprimerie de Delrue. Les principales académies et sociétés de médecine, ainsi que les journaux, en ont rendu le compte le plus favorable. Cet ouvrage fut vendu au bénéfice des pauvres (1).

» Lors de l'épidémie cholérique qui désola la ville d'Anvers, en 1832, M. de Kerckhove se dévoua, jour et nuit, aux malades de la classe indigente, et le traitement qu'il expose dans son livre n'a cessé de lui donner les résultats les plus heureux. Il a, en même temps, beaucoup aidé ces malades par sa bourse. La bienfaisance a toujours été pour lui un devoir sacré. On en trouve des témoignages dans le *Philantrope,* recueil périodique de la colonie de bienfaisance, rédigé et publié sous

(1, M. de Kerckhove reçut, pour cette publication, force compliments et félicitations de la part d'une foule de savants et dans des lettres autographes de plusieurs souverains, parmi lesquels nous nous plaisons à citer le prince le plus instruit d'Allemagne et peut-être le plus parfait qui ait jamais occupé un trône; il écrivit à M. de Kerckhove la lettre suivante :

» Monsieur le vicomte de Kerckhove, j'ai reçu avec bien du plaisir votre estimable
» ouvrage sur la nature et le traitement du choléra-morbus, dans lequel vous venez de
» prouver, par les heureux résultats de vos soins et le nombre des guérisons que vous avez
» effectuées, l'excellence de votre méthode et l'efficacité des remèdes que vous avez employés
» contre le fléau terrible qui a ravagé tant de contrées. Partageant votre opinion sur la
» nature miasmatique du choléra, et ayant toujours regardé une corruption particulière de
» l'air comme la cause la plus probable de cette maladie, j'en ai trouvé dans votre ouvrage
» une nouvelle confirmation Recevez donc l'expression de ma reconnaissance pour l'envoi
» que vous avez bien voulu me faire de votre savant ouvrage, et en même temps l'assurance
» de l'estime parfaite que je me plais à vous donner.

» Darmstadt, le 30 avril 1833.

(Signé) Louis. »

la direction du prince Frédéric des Pays-Bas, Bruxelles, 1827, livraison de novembre.

« Une maladie contagieuse et meurtrière, dit ce recueil, exerçait
» les plus cruels ravages à la colonie de Wortel, le prince Frédéric
» des Pays-Bas, fondateur et chef des colonies de bienfaisance, et la
» commission permanente de ces colonies, prièrent M. de Kerckhove
», de s'y rendre et de viser aux moyens de faire cesser cette maladie.
» Il y resta plusieurs jours, parvint promptement à faire disparaî-
» tre l'épidémie et à guérir la plupart des personnes qui en étaient
» atteintes; il refusa pour cette mission tout salaire, malgré les fortes
» dépenses qu'il avait dû faire. »

» Outre les ouvrages que nous avons énumérés, M. de Kerckhove a publié une foule de dissertations, notices et observations médicales dans le *Bulletin des sociétés des sciences et de médecine du département de l'Eure*; dans le *Journal complémentaire du dictionnaire des sciences médicales de Paris*; dans le *Journal de médecine de New-York (the New-York medical and physical journal)*; dans le *Magasin de littérature médicale étrangère de Hambourg (Magazin der auslandischen litteratur der gesamter Heilkunde)*; dans le *Bulletin universel de M. de Ferussac*; dans la *Bibliothèque médicale de Bruxelles*; dans le *Magasin hippocratique de Rotterdam (Hippocrates magazyn)*, dans lequel on trouve de M. de Kerckhove, un Mémoire *sur la plique polonaise*, qu'il a observée en Pologne; des *Observations sur la phthisie muqueuse*; des *Notices sur la gangrène d'Hôpital*; *sur le panarts*; *sur les engelures*; *sur la céphalite*, et *une histoire d'empoisonnement par le sous-acétate de plomb*, qui a été répétée dans différents recueils de médecine étrangers.

» Il a fourni une quantité de notices et d'articles d'hygiène et de médecine d'armée au *Journal des sciences militaires de Paris*, auquel il a coopéré dès sa fondation. Il a également publié une masse d'articles littéraires et d'analyses d'ouvrages dans la *Revue encyclopédique*, de Paris, dont il fut, pendant plusieurs années, l'un des collaborateurs les plus actifs; dans le ci-devant *Recueil périodique de littérature nationale et étrangère*, publié en hollandais à Amsterdam, ainsi que dans un grand nombre de feuilles quotidiennes. Il est aussi auteur d'une foule de discours académiques.

» M. de Kerckhove ne se contente pas de rester dans le domaine des sciences, il ne se livre pas avec moins de zèle à la culture des lettres, il tient une correspondance très-active avec une quantité de savants de tous les pays, avec lesquels ses nombreux voyages et ses travaux scientifiques et littéraires l'ont mis en relation. Il a lu plussieurs mémoires à la société royale des sciences, lettres et arts d'Anvers, ainsi qu'à l'académie d'archéologie de Belgique. Il est le principal fondateur de ces deux compagnies savantes et auteur de leurs réglements. On trouve de lui dans les *Annales de l'académie d'archéologie de Belgique*, (Anvers, imprimerie de Buschmann) plusieurs discours et mémoires, parmi lesquels on a surtout distingué ses *Notices sur les tournois et sur le carrousel*; son *Mémoire sur la noblesse et les moyens de la relever*, dont une seconde édition a paru, en 1844, chez l'imprimeur de Cort à Anvers, et une troisième en 1848 chez M. Buschmann, imprimeur à Anvers; une *Lettre adressée au conseil d'administration de l'académie d'archéologie sur l'abolition des titres de noblesse en France*, accompagnée de réflexions sur les réformes à faire dans la noblesse belge; une Notice intitulée : *Quelques mots à la mémoire de S. A. R. le grand-duc de Hesse* Louis II — *Notices* imprimées séparement en 1848 chez M. Buschman, imprimeur à Anvers; — une *Notice sur l'origine des armoiries*; etc. »

Le célèbre archéologue Brönsted, conseiller d'État danois, avait légué à sa patrie l'ouvrage intitulé : *Den Ficoroniske Cista*, que le roi de Danemarck fit imprimer à ses frais, à 150 exemplaires, pour être distribués aux principales bibliothèques et aux célébrités les plus remarquables de l'époque. Le roi de Danemarck en fit cadeau d'un exemplaire à M. le vicomte de Kerckhove. Ce dernier reçut une pareille marque de haute estime du roi de Suede, Charles-Jean, qui, en le nommant chevalier de l'ordre royal de l'étoile polaire, lui fit don d'un exemplaire de l'ouvrage que ce prince, — véritable modèle des braves et des souverains, — a fait imprimer sur sa vie politique et militaire depuis son arrivée en Suède jusqu'en 1815. Cet ouvrage également imprimé à un très-petit nombre d'exemplaires pour être offerts, par le roi lui-même, à des souverains, à des illustrations militaires et à quelques savants célébres.

Le vicomte Joseph-Romain-Louis de Kerckhove, mentionné plus haut, épousa Grégorine-Anne-Marie de Chapuis, fille d'Alexandre-Joseph, directeur des postes aux lettres à Maestricht, appartenant à une ancienne famille noble du Dauphiné, portant d'azur au chevron d'or, accompagné de deux roses d'argent en chef et d'un lion de même en pointe. De ce mariage est issu un fils unique, Antoine-Joseph-François-Alexandre-Eugène de Kerckhove dit vander Varent, qui après avoir terminé de la manière la plus brillante ses études primaires à l'athénée d'Anvers, où il remporta la plupart des premiers prix, se rendit à l'université de Gand pour étudier le droit, et où il continua à se distinguer par son application et son intelligence. En 1841, il fut reçu docteur en droit devant le jury d'examens de Belgique, et nommé, par le roi des Belges, attaché de légation auprès de la mission de Belgique à Stockholm, où il obtint l'accueil le plus distingué, non-seulement de l'excellent roi Charles-Jean, qui, comme général en chef de l'armée française de Sambre et Meuse, avait intimement connu le digne et vertueux aïeul paternel de M. Eugène de Kerckhove, mais également de la cour, du corps diplomatique et de toutes les personnes qui eurent des relations avec lui. En octobre 1842, il subit les examens pour le grade de secrétaire de légation, devant la commission instituée à cet effet par le roi Léopold, et il s'en acquitta avec une telle supériorité que cette commission lui décerna, à l'unanimité, *la plus grande distinction*. Le roi le nomma immédiatement secrétaire de légation, et l'envoya comme secrétaire de l'ambassade belge à Paris auprès du prince de Ligne, ambassadeur, dont il ne tardait pas à gagner la confiance et l'affection. En 1846, le roi l'envoya comme premier secrétaire de légation à Constantinople, où il remplit plus tard les fonctions de chargé d'affaires de Belgique depuis le mois de février 1848 jusqu'au mois de juillet 1849. En Turquie comme en France et en Suède, ainsi que comme partout ailleurs où il a été, M. Eugène de Kerckhove a su par l'élevation et la bonté de son caractère, par sa modestie, par sa conduite exemplaire et par son attachement à ses devoirs, se concilier l'estime générale et se faire aimer de toutes les personnes qui l'ont connu ; il n'a cessé d'être au mieux avec tous les membres du gouvernement ottoman et avec tous ceux du corps diplomatique ; et dans ses fonctions de chargé d'affaires il s'est fait tellement remarquer par la supériorité de ses connaissances qu'il fut consulté par ses collègues dans plusieurs affaires importantes, et qu'il inspira une telle confiance et une telle estime aux ministres de la Sublime Porte, que non-seulement il fit avoir à la Belgique une légation de Turquie, — faveur qui jusqu'à présent n'a été accordée par le Sultan à aucune autre puissance de second ordre, pas même à la Russie, — mais la Sublime Porte offrit à M. Eugène de Kerckhove la direction de cette légation ; de sorte qu'il fut placé, par le consentement du roi des Belges, comme conseiller d'ambassade, chargé d'affaires de l'empereur de Turquie auprès du gouvernement de son pays.

M. le vicomte Eugène de Kerckhove a publié, 1° une nombreuse série de *lettres sur son voyage en Suède*, insérées dans le *Courrier d'Anvers* (année 1843) ; 2° *Considérations sur l'état actuel de l'archéologie et de son enseignement*, insérées dans le 2° volume des *Annales de l'académie d'archéologie de Belgique* ; 3° *Revue du salon d'exposition nationale* de 1845 (in-8°, 1845, Anvers, imprimerie de Buschmann) ; 4° *Situation et avenir*, (in-8°, 1846, Anvers, imprimerie de L. J. de Cort), ouvrage politique et philosophique qui a fait beaucoup de sensation, et qui a prédit les événements révolutionnaires de 1848. M. Eugène de Kerckhove est décoré de l'ordre impérial du Sultan de 2° classe en brillants, chevalier de l'ordre de la légion d'honneur, chevalier de l'ordre impérial de la Rose du Brésil ; commandeur de l'ordre chapitral d'ancienne noblesse des quatre empereurs d'Allemagne, etc , membre correspondant des académies d'archéologie de Belgique, d'Espagne et de Grèce ; des académies royales des sciences et belles-lettres de Messine, d'Erfurt, de Grenoble, de Reims, du Gard et de Marseille ; de la société libre d'émulation de Liége ; de l'Institut archéologique de Rome ; des sociétés des antiquaires de Picardie, de

Zurich et de la Morinie; des sociétés des sciences, lettres et arts de Lille, de Cherbourg, de Toulon et du Brabant septentrional; membre honoraire de la société royale asiatique de Bombay; de la société grand-ducale de géognosie et de minéralogie de Jéna; de l'académie royale de médecine de Madrid; de la société pour l'encouragement des sciences, lettres et arts de Dunkerque: membre correspondant de la société des antiquaires de l'Ouest, séant à Poitiers; de la société archéologique du midi de la France, séant à Toulouse; de l'académie d'Arras; de la société archéologique de Tourraine, séant à Tours; de la société archéologique et historique du Limousin, séant à Limoges; de la société d'archéologie Lorraine, séant à Nancy; de la société des antiquaires de la côte d'or, séant à Dijon; de la société d'agriculture. sciences, arts et commerce du Puy; de la société archéologique de Beziers; de la société impériale d'agriculture, sciences et arts du département du Nord, séant à Douai; etc.

M. Eugène de Kerckhove épousa, le 12 avril 1853, à Bruxelles, Mlle Marie-Rosamonde-Thérèse-Emilie de Penaranda de Franchimont, fille de Desiré-Charles-Marie-Joseph-Ghislain (reconnu dans la noblesse des Pays-Bas par le roi Guillaume I), propriétaire, et de dame Rosamonde de Spong. Son mariage a été béni et la messe célébrée pontificalement à la chapelle de la nonciature par S. E. Monseigneur Gonella, archevêque de Néo-Césarée, nonce apostolique auprès du roi des Belges. La famille de Penaranda, originaire d'Espagne et reconnue dans la noblesse du royaume, est comprise parmi les plus anciennes et les plus nobles maisons du pays. Les témoins pour le mariage étaient du côté de M. le vicomte Eugène de Kerckhove : M. le baron de Stassart, ancien président du Sénat, ministre plénipotentiaire du roi des Belges, et M. le baron de Hody, ancien administrateur de la sûreté publique du royaume; ceux du côté de dame Emilie de Penaranda : son frère M. Frédéric de Penaranda de Franchimont et son oncle M. Van der Beke de Cringen, propriétaire à Bruges.

CPSIA information can be obtained at www.ICGtesting.com
Printed in the USA
LVOW13s1517021113

359720LV00004B/256/P